Gute Nacht, ihr lieben Tiere

Geschichten von Jana Frey
Mit Bildern von Eva Muszynski

Ravensburger Buchverlag

Inhalt

Gute Nacht, Willi

„Nein, ins Bett darf Willi nicht, Lilli", sagt Mama zum ungefähr tausendsten Mal. „Ein Hund gehört ins Körbchen und nicht ins Bett."
„Ein richtiger Hund schon", sagt Lilli ärgerlich. „Aber ein Hundebaby braucht es weich und warm und sehr gemütlich. Und weich und warm und sehr gemütlich ist es in meinem Bett."

Aber Mama schüttelt immer wieder den Kopf. Und dann schaut sie auch noch auf die Uhr und sagt, dass es jetzt wirklich schon schrecklich spät ist und dass Lilli morgen früh aufstehen muss, und dass sie darum jetzt sofort einschlafen soll.
„Gute Nacht, Lilli", sagt Mama und gibt Lilli einen Nasenspitzenkuss.

4

Da steckt Willi seinen winzigen Kopf aus dem neuen Hundekörbchen und winselt leise.

„Gute Nacht, Willi", sagt Mama und streichelt Willi über den gepunkteten Kopf.

Dann macht Mama das Licht aus und die Tür zu.

„Gute Nacht, Willilein", sagt Lilli und macht die Augen zu. Schade, dass sie Willi nicht mit ins Bett nehmen darf. Er hätte sich bestimmt niedlich an ihren kalten Füßen angefühlt. Aber Mama sagt, sie will keine Hundehaare in Lillis Bett haben.

Willi winselt leise.

„Schlaf jetzt, Willi", flüstert Lilli. Aber Willi will nicht schlafen. Er will lieber winseln und in seinem Körbchen herumspringen und dann wieder winseln und dann Männchen an Lillis Bett machen.

„Hast du Angst so alleine da unten?", fragt Lilli schließlich und knipst ihr Nachtlicht an. Willis Augen sehen schon ein bisschen ängstlich aus, findet Lilli. Und darum klettert sie schnell aus dem Bett und holt ihren großen Stofflöwen aus dem Spielzeugregal.

„Hier, Willi", sagt sie.

„Der Löwe beschützt dich. Jetzt brauchst du keine Angst mehr zu haben."

Lilli knipst das Nachtlicht wieder aus. Aber Willi winselt immer noch. Lilli seufzt und knipst das Licht wieder an. Willi sieht immer noch ein bisschen ängstlich aus. Da gibt Lilli ihm auch noch ihr dickes Plüschschwein.

„Jetzt schlaf aber, Willi", sagt sie und gähnt. Aber kaum ist es wieder dunkel im Kinderzimmer, als Willi schon wieder Männchen an Lillis Bett macht. Lilli knipst ihr Nachtlicht wieder an. Willi wedelt mit seinem kleinen, weißen Schwanz.

„Willst du vielleicht noch etwas spielen?", flüstert Lilli nachdenklich. Und dann gibt sie Willi ihren Holzhubschrauber. An dem kann Willi ruhig ein bisschen knabbern.

Das Knabbern hört sich sehr gemütlich an und Lilli ist schon fast eingeschlafen, als Willi anfängt, an Lillis Sternenbettdecke zu ziehen. Lilli richtet sich auf und knipst noch einmal ihr Nachtlicht an.

„Willi, wir müssen schlafen", sagt sie streng, aber dann sieht es so niedlich aus, wie Willi mit seinem kleinen, gepunkteten Mäulchen nach der Bettdecke schnappt, dass Lilli ihm noch ein Weilchen zuschaut. „Jetzt ist aber genug", sagt sie schließlich, aber da fängt Willi wieder an zu winseln. Mit seinen kleinen, schwarzen Augen schaut er Lilli bittend an.

„Du hast doch schon das Schwein und den Löwen", sagt Lilli. „Mit den beiden ist es in deinem Körbchen bestimmt sehr gemütlich."

Aber Willi winselt trotzdem weiter. Da gibt Lilli ihm noch die wackelbeinige Giraffe und die gelbe Plüschbanane.

„Und jetzt schlaf mal, Willi", bittet Lilli erschöpft.

Aber Willi will nicht. Er schaut Lilli ganz fest mit einem Ich-will-aber-in-deinem-Bett-schlafen-Blick an.

Da hat Lilli eine Idee. Mama hat zwar gesagt, Willi darf nicht im Bett schlafen, weil keine Hundehaare in Lillis Bett kommen sollen. Aber Mama hat nicht gesagt, wo genau Lilli schlafen soll. Und darum klettert Lilli schnell aus ihrem Bett und kuschelt sich zu Willi und dem dicken Schwein und dem strubbeligen Löwen und der wackelbeinigen Giraffe und der plüschigen Banane in Willis neues Hundekörbchen.

Und endlich, endlich, ist Willi zufrieden und schläft ein.

Gute Nacht, Robert

„Gute Nacht, Waldemar", sagt Mama.
„Gute Nacht, Mama", sagt Waldemar
und macht die Augen zu.
„Gute Nacht, Nisi", sagt Mama.
„Gute Nacht, Mama", sagt Nisi und
dreht sich schläfrig zur Seite.
„Gute Nacht, Robert", sagt Mama.
Aber Robert sagt nicht „Gute Nacht".
„Da ist was, Mama", flüstert er statt-
dessen ängstlich.
„Da ist gar nichts", sagt Mama
beruhigend und gibt Robert

einen sanften Gutenachtkuss auf
seine kleine Nase.
„Doch, da ist was", murmelt Robert
und blinzelt aufgeregt durch das
dämmrige Zimmer.
„Unsinn, du sollst dich jetzt an
deinen Faden kuscheln und schön
schlafen", sagt Mama ein bisschen
streng.
„Und wenn da unten ein Mensch ist",
flüstert Robert und fühlt sich plötzlich
ganz zittrig vor Angst.
„Aber die Menschen tun dir doch
nichts", sagt Mama.

Robert ist sich da nicht so sicher. Vorsichtig blinzelt er über den Spinnennetzrand nach unten. Dort unten steht ein komisches Holzgestell.

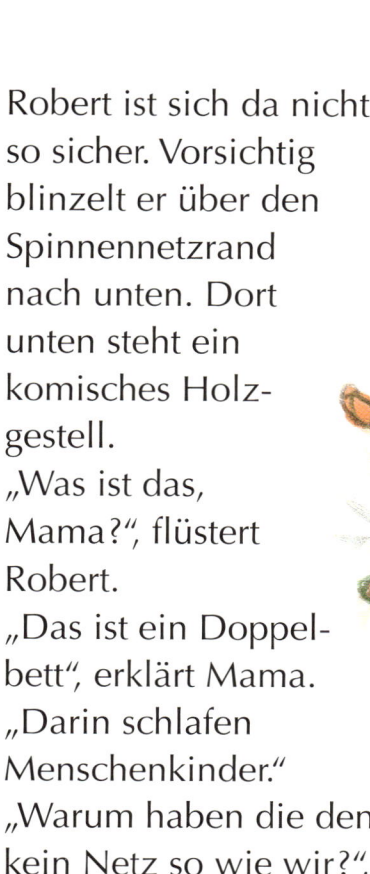

„Was ist das, Mama?", flüstert Robert.

„Das ist ein Doppelbett", erklärt Mama. „Darin schlafen Menschenkinder."

„Warum haben die denn kein Netz so wie wir?", fragt Robert verwundert.

„So sind die Menschen eben", sagt Mama. Und dann sagt sie zu Robert, er soll sich nicht so weit über den Netzrand beugen. Aber da ist es auch schon passiert. Robert plumpst von seinem gemütlichen Faden und saust in die Tiefe.

„Mama!", ruft er erschrocken.

Aber zum Glück gibt es ja den silbrig glitzernden Spinnenfaden und der macht, dass Robert nicht ganz und gar abstürzt, sondern mitten in der Luft hängen bleibt.

„Mama, eine Spinne!", rufen die beiden Kinder in ihrem Doppelbett. Schnell krabbelt Robert zurück ins Spinnennetz.

„Mama, die Kinder hatten auch ein bisschen Angst vor mir, so wie ich vor ihnen", murmelt er verwundert. „Und dabei tue ich doch gar nichts."

„Na siehst du", sagt Mama. Und dann kann Robert endlich schlafen.

Gute Nacht, Lizzi

Es war einmal in einem tiefen Wald, als in einer dunklen Nacht eine klitzekleine Fledermaus geboren wurde.

„Wie niedlich sie ist!", sagte der Fledermauspapa zufrieden und lächelte der Fledermausmama zu. Die kleine Fledermaus kuschelte sich schläfrig zwischen ihre Eltern und die Fledermausmama deckte sie sanft mit ihren Flügeln zu. Aber plötzlich blies ein wilder Wind durch das Einflugloch in der Höhlenwand. Und ehe die Fledermauseltern es verhindern konnten, wirbelte der stürmische Nachtwind das Fledermauskind aus dem Höhlenloch. Seine kleinen Fledermausflügel wurden dabei ziemlich zerzaust und schließlich landete die kleine Fledermaus irgendwo tief im Wald auf dem harten Waldboden.

„Du lieber Himmel", murmelte sie und rappelte sich auf. Sorgfältig sortierte sie ihre Flügel und dann marschierte sie los. Aber so viel sie auch suchte, sie konnte ihre Höhle einfach nicht wieder finden. Zum Schluss krabbelte sie, weil sie so müde geworden war, einfach zu einer Igelfamilie in ein kleines Erdloch.

„Darf ich heute bei euch bleiben?", fragte sie höflich.

schon ganz kribbelig waren. Erstaunt, denn sie war noch nie zuvor geflogen, hob sie vom Boden ab und flatterte in einen kleinen Strauch. Beim Landen auf einem knorrigen Ast verhedderte sie sich und wäre fast wieder hinuntergestürzt. Im letzten Augenblick klammerte sie sich an den dünnen Ast. Ihr kleiner Fledermauskörper schaukelte sachte hin und her. Wie gemütlich das war. So ließ es sich bestimmt gut schlafen. Lizzi lächelte zufrieden und schlief ein.

„Gerne, wenn du wie wir auch am Tag schlafen willst", sagten die Igel, die noch nie zuvor eine Fledermaus gesehen hatten. Aus Blättern machten sie ihr ein gemütliches Bett. Zufrieden krabbelte Lizzi hinein. Schließlich war sie schrecklich müde. Aber das Liegen auf dem Blätterbett war nicht sehr gemütlich. Lizzi legte sich auf die linke Seite und auf die rechte Seite. Sie rollte sich auf den Bauch und kullerte auf den Rücken. Nein, so konnte man doch nicht schlafen. Die Igel schliefen allerdings alle tief und fest und keiner kullerte so herum wie sie. Müde und verwirrt tapste die kleine Fledermaus in der Höhle herum. Schließlich hielt sie es nicht mehr aus. Sie krabbelte aus der Höhle und schlug kräftig mit den Flügeln, weil die vor Müdigkeit

Und bevor die Sonne unterging fanden die Fledermauseltern die fest schlafende Lizzi und brachten sie zurück in die sichere Höhle.

Gute Nacht, Knut

Knut und sein Papa wohnen am Nordpol in einer gemütlichen Eishöhle. Heute sind sie den ganzen Tag zusammen unterwegs gewesen. Sie haben einen lustigen Schneebären gebaut und eine Schneeballschlacht gemacht. Sie haben zusammen Mittagessen gekocht und sind am Abend ganz lang umherspaziert. „Und jetzt geht es hopp, hopp ins Bett!", ruft Papa.

„Ich bin aber noch gar nicht müde", sagt Knut.
„Klar bist du müde", sagt Papa. Knut springt mit einem Satz in sein Bett und Papa deckt ihn zu.
„Gute Nacht, mein Söhnlein", sagt er und gibt Knut einen Gutenachtkuss auf die pelzige Bärennase.
„Papa, in mir drin ist es aber noch ziemlich zappelig", sagt Knut und wackelt mit seinen kleinen, weißen Eisbärenzehen.
Aber dann macht er doch die Augen zu und versucht einzuschlafen.
Da fällt ihm etwas ein.
„Papa, wohnen wir im kältesten Land der Welt?", ruft er.

„Ja, das tun wir", ruft Papa zurück.
„Und welches ist das wärmste Land
der Welt?"
Papa seufzt und denkt nach. „Das
wärmste Land der Welt ist Afrika",
sagt er schließlich. „Und jetzt wird
geschlafen, Söhnlein."
Knut nickt, schließt die Augen und
versucht einzuschlafen. Da fällt ihm
etwas ein.
„Papa, wie geht eigentlich ein Purzelbaum?", ruft er.
„So", sagt Papa und kullert zur Tür
herein. Und dann sagt er wieder,
dass Knut jetzt aber endlich
schlafen solle, und Knut
macht die Augen zu und
versucht einzuschlafen.
Da fällt ihm etwas ein.
„Papa, gibt es
eigentlich mehr
Eisbären oder
mehr Braun-
bären?", ruft er.

Diesmal muss Papa in seinem dicken
Lexikon nachschauen.
„Die Braunbären sind in der Über-
zahl", sagt er schließlich. „Und jetzt
schlaf."
„Ja, gleich", murmelt Knut und pro-
biert einen Purzelbaum zu machen.
Das ist gar nicht so leicht.
„Papa, zeig mir noch mal, wie ein
Purzelbaum geht", ruft er schließlich.
Aber Papa antwortet nicht. Da tappt
Knut verwundert ins Wohnzimmer
hinüber. Und was tut Papa? Er ist in
seinem Schaukelstuhl eingeschlafen!
Da klettert Knut zufrieden auf seinen
Schoß und kuschelt sich in Papas
Arme.
„Gute Nacht, Papa", murmelt er
und schläft ebenfalls ein.

Gute Nacht, Arabella

Am Abend muss man ziemlich oft „Gute Nacht" sagen. Zuerst sagt Janne ihrem Papa „Gute Nacht". Und dann Mama, die mit ins Kinderzimmer kommt. Und nach Mama ist Jannes Wellensittich Grützkopf dran. Und Grützkopf steckt sofort sorgfältig seinen Kopf unter seine Federn und schläft ein. Und nach Grützkopf sagt Janne ihrem Schlafschwein „Gute Nacht".

Nur Arabella braucht man abends nicht „Gute Nacht" zu sagen.

Arabella ist Jannes Hamster. Und Arabella will nachts nicht schlafen. Stattdessen schläft sie den ganzen Tag und wacht immer genau dann auf, wenn Janne am Abend ihr Nachtlicht ausknipst. Janne kann dann hören, wie Arabella aus ihrem Häuschen springt und durch ihren Käfig trippelt. Zuerst knabbert sie ein paar Hamsterkörner und danach klettert sie in ihr kleines Hamsterrad und saust darin herum.

Mama hat Janne erklärt, dass Arabella ein Nachttier ist, so wie die Eulen und die Igel im Wald.

„Langweilst du dich denn nicht so ganz alleine?", fragt Janne und schaut

Arabella besorgt an. Arabella schaut zurück und Janne findet, sie sieht schon ein bisschen einsam aus. „Dann schlaf doch jetzt, so wie wir alle", schlägt Janne vor. „Dann bist du morgen früh ausgeschlafen und kannst mit mir und dem Schlafschwein und Grützkopf spielen." Janne holt die zappelige Arabella aus dem Käfig. Aus einer kleinen Pappkiste und einem bisschen Stoff macht sie ihr ein gemütliches Bett. „So, gute Nacht, Arabella", sagt sie zum Schluss. Aber Arabella will einfach nicht schlafen. Stattdessen klettert sie blitzschnell aus der Pappkiste und saust kreuz und quer durch Jannes Zimmer. Janne muss immer wieder aufstehen und sie zurückholen. „Du willst doch morgen mit uns spielen", sagt sie streng und setzt Arabella wieder ins Bett. Dann schläft Janne ein. Am Morgen ist Arabella verschwunden. Das kleine Pappbett ist leer. Grützkopf krächzt ausgeschlafen und das Schlafschwein ist auch hellwach. Aber wo ist Arabella? Es gibt eine lange, aufgeregte Suche und zum Schluss findet Papa Arabella in Jannes Hausschuh, wo sie sich zusammengekuschelt hat und tief und fest schläft. So wie sie es jeden Tag tut.

Gute Nacht, Kalli

Familie Wiesel fährt in die Ferien.
„Los geht's!", ruft Mama und hält die
Wagentür auf. „Wir sind spät dran
und wir wollen doch heute noch bis
ans Meer kommen!"
Papa schaut in die Landkarte und
Mama setzt sich hinter das Steuer.
„Alle angeschnallt?", ruft sie und
dreht den Zündschlüssel um.
„Mama, Kalli hat
schon seine
Taucherbrille
angezogen",
sagt Rolli.
„Darf er das?"

„Na, sehr gemütlich wird das nicht
werden auf die Dauer", sagt Papa und
stupst Kalli sanft gegen die Nasen-
spitze.
„Papa, wie ist das Meer denn überhaupt?", fragt Kalli aufgeregt.
„Riesig und wellig und salzig und
sehr nass", sagt Papa und verteilt
Mohrrübensandwiches an alle.
„Und wie sieht es aus?", fragt Kalli.
„Das wirst du ja sehr bald selbst
sehen", antwortet Papa.
„Wie lange müssen wir denn noch
fahren?", fragt Kalli.
„Ein paar Stunden musst du dich
schon noch gedulden", sagt Mama.
Kalli seufzt und lehnt sich auf der

Rückbank zurück. Sehr, sehr lange ist er sehr geduldig. „Wie lange müssen wir denn jetzt noch fahren?", fragt er schließlich.

„Ein paar Stunden musst du dich schon noch gedulden", sagt Mama wieder.

Kalli seufzt erneut und wartet noch einmal sehr lange und geduldig. Seine Geschwister sind alle eingeschlafen. „Schlaf doch auch ein bisschen", sagt Papa, aber Kalli schüttelt den Kopf. „Ich will doch als Allererster das Meer sehen", sagt er und schaut gespannt aus dem Fenster. Rolli und Milli schnarchen leise, aber Kalli ist hellwach. Noch sehr lange ist Kalli hellwach, aber irgendwann wird sein Kopf schwerer und schwerer und er fühlt, wie er müder und müder wird. „Schlaf doch ein bisschen", sagt Papa wieder. Kalli schüttelt entschlossen und empört den Kopf, aber schon im nächsten Moment ist er fest eingeschlafen.

„Das Meer!", ruft Milli eine Weile später. Auch Rolli jubelt. Nur Kalli gibt keinen Mucks von sich. Denn Kalli schläft wie ein Murmeltier.

Gute Nacht, Wendelin

Wendelins allerbester Freund ist Jimmy.
Und Jimmys allerbester Freund ist
Wendelin. Dabei ist Wendelin ein
Murmeltierjunge und Jimmy ist ein
Fuchsjunge.

„Komm, Jimmy, wir spielen Den-Berg-
hang-Runtergaloppieren", ruft Wendelin an einem kunterbunten Herbsttag
und galoppiert schon mal los.

„Bin schon da!", ruft Jimmy.

„Du mit deinem komischen, kugel-
dicken Freund", brummt Jimmys

Fuchsbruder. „Bald ist eure Freund-
schaft sowieso zu Ende."

„Ist sie nie und nimmer", ruft Jimmy ärgerlich. „Wendelin wird immer, immer,
immer mein bester Freund sein …"
Aber sein Bruder schüttelt den Kopf.

„Bald ist Winterschlafzeit und da wird
er dich vergessen, so ist das nun mal."

„Weißt du, was Winterschlaf ist?",
fragt Jimmy eine Weile später besorgt
seinen besten Freund.

Wendelin schüttelt den Kopf.

Aber schon ein paar Tage später ist
es so weit.

„Wendelin, komm in die Höhle, wir
machen Winterschlaf", ruft sein Papa.

Und tatsächlich, die ganze Murmel-
tierfamilie hat sich schon in den
Erdhöhlen versammelt.

„Ich will   keinen Winterschlaf
machen",   sagt Wendelin
und bleibt   störrisch
vor der Höhle   stehen.
„Alle Murmeltiere   machen
Winterschlaf", erklärt   seine Mama
sanft.

„Alle, außer mir", knurrt Wendelin.
Und so kommt es auch. Wendelin ist
das letzte Murmeltier weit und breit,
das noch durch den Wald streift. Zusammen mit seinem besten Freund.
Aber immerzu muss er gähnen und
seine Augen werden ganz klein
        vor Müdigkeit.

„Und wenn du doch ein bisschen
Winterschlaf machst?", sagt Jimmy
eines Tages vorsichtig, weil Wendelin
schon wieder gähnt und gähnt und
gähnt.

„Aber wie wird es dann im Frühling
sein?", murmelt Wendelin besorgt.
„Werden wir noch Freunde sein?"
„Klar werden wir das", ruft Jimmy.
„Also gut, dann mache ich jetzt ein
bisschen Murmeltierwinterschlaf",
seufzt Wendelin erleichtert und
zusammen rennen sie zur Murmel-
tierhöhle.

„Bis zum Frühling, lieber Jimmy",
sagt Wendelin.

„Ja, bis zum Frühling, lieber
Wendelin", sagt Jimmy.

Gute Nacht, Herr Löwe

Seit Lasse ein klitzekleines, neuge-borenes Baby gewesen ist, gehört ihm Herr Löwe. Papa hatte ihm Herrn Löwe damals geschenkt, als er erst ein paar Stunden alt war. Damals war Herr Löwe ein ganzes Stück größer als Lasse, dann wuchs Lasse Stück für Stück und an seinem ersten Geburtstag war er genauso groß wie Herr Löwe. Heute ist Lasse drei und schon ein ganzes Stück größer als sein strubbe-liger Plüschlöwe.

Und obwohl Lasse natürlich eine Menge Freunde im Kindergarten hat, ist Herr Löwe immer noch sein aller-bester Freund. Er begleitet Lasse über-all hin und er hat die gleiche rot-weiß geringelte Hose wie Lasse und sie ist beider Lieblingshose. Nachts schlafen Lasse und Herr Löwe Hand in Hand und noch nie ist Lasse ohne seinen Herrn Löwe eingeschlafen.

Herr Löwe geht jeden Tag mit in den Kindergarten und zum Einkaufen, er war schon ein paarmal beim Kinder-arzt und beim Frisör, er geht mit Lasse auf den Spielplatz und zum Kinder-turnen und in die Schwimmschule.

Und so war es auch heute.

Lasse war den ganzen Tag unterwegs und Herr Löwe auch, aber am Abend beim Abendbrot sagt Lasse plötzlich: „Wo ist überhaupt mein Herr Löwe?"
„Vielleicht in deinem Zimmer", sagt Mama und schaut nach. Aber da ist er nicht.
„Vielleicht irgendwo im Haus", sagt Papa und schaut nach. Aber Herr Löwe ist verschwunden.
Lasse wird ganz zittrig und spürt schon ein paar Tränen in seinen Augen.
„Vielleicht ist er im Garten geblieben …", flüstert er und rennt hinaus.
„Herr Löwe?", ruft er immer wieder. Mama und Papa kommen auch hinaus. „Herr Löwe?", ruft Mama laut, und Papa schaut Mama ein bisschen verwundert an, weil sonst ja immer nur Lasse nach Herrn Löwe ruft und nicht Mama.
Aber Herr Löwe ist und bleibt verschwunden.

„Ohne Herrn Löwe kann ich nicht einschlafen", weint Lasse und darum geht die Suche weiter und weiter und weiter. Papa radelt sogar zum Spielplatz, aber dort ist der Plüschlöwe auch nicht.

Schließlich ist es schon so spät, dass Lasse nun wirklich ins Bett muss – zum ersten Mal in seinem Leben ohne Herrn Löwe.

„Ich kann nicht schlafen, ich brauche meinen Herrn Löwe!", schluchzt er und verkriecht sich unter seiner Urwaldbettdecke.

Mama bringt Lasse alle anderen Plüschtiere und Papa bringt seinen alten Holzpinocchio und Oma kommt zu einem späten Abend-besuch, um Lasse zu trösten.

„Wenn meinem Herrn Löwe etwas passiert?", flüstert Lasse ängstlich.

„Er hat bestimmt Angst so allein da draußen."

„Ich glaube, Herr Löwe ist ziemlich mutig", sagt Oma.

Lasse schluckt schwer. Er ist müde und traurig und es ist kein so ange-nehmes Gefühl, ohne Herrn Löwe

im Bett zu liegen. Seine Hand, in der er sonst Herrn Löwes Pfote hat, fühlt sich so leer an.

„Glaubt ihr, er kann ohne mich ein-schlafen?", murmelt Lasse schläfrig.

„Natürlich kann er das ausnahms-weise einmal", sagt Mama. „Er ist doch genauso mutig wie du."

„Und morgen suchen wir weiter?", fragt Lasse leise.

Er ist auf einmal sehr, sehr müde. Wie merkwürdig, dass man auch ohne einen Herrn Löwe im Bett ein-schlafen kann. Aber es scheint zu funktionieren, obwohl man natürlich trotzdem von Kopf bis Fuß traurig ist. In diesem Moment klingelt es. Lasse ist sofort wieder hellwach. Papa geht zur Tür.

„Das gibt es doch gar nicht!", ruft er plötzlich. „Ja, wen haben wir denn da?"

„Vielen Dank", sagen Mama und Papa
zu dem freundlichen Hausmeister.
Lasse bedankt sich auch. Und dann
geht er zusammen mit Herrn Löwe
in sein Zimmer.
„Beinahe wäre ich ohne dich eingeschlafen", gibt er zu.
„Ich auch", flüstert Herr Löwe.
„In der Hausmeistertasche. Dort war
es sehr gemütlich."
„Aber du hast mir natürlich sehr
gefehlt", sagt Lasse.
„Du mir auch", sagt Herr Löwe.
Und Hand in Hand gehen die beiden
schlafen. So wie immer.

„Herr Löwe!", schreit Lasse und
springt zusammen mit dem Holzpinocchio aus dem Bett. Und tatsächlich, es ist Herr Löwe. Und er ist
zusammen mit dem netten, kugel-
runden Hausmeister vom Turnverein
gekommen.
„Dieses wilde Raubtier habe ich bei
den Turnmatten gefunden", sagt
der Hausmeister und reicht
Lasse seinen Stofflöwen.
„Er ist doch gar nicht wild",
sagt Lasse. „Er ist lieb
und sanft und gut."

Gute Nacht, Faustus Fuchs

Faustus ist der griesgrämigste Fuchs im ganzen Wald. Und weil er sich mit keinem so richtig versteht, lebt er ganz für sich allein in einem kleinen, unterirdischen Bau nahe einer großen Eiche.

Heute hat es den ganzen Tag geregnet und jetzt in der Nacht ist aus dem ungemütlichen Regen ein noch viel ungemütlicherer Schneeregen geworden.

Missmutig rollt sich Faustus in einer Ecke seines Baus zusammen. Er ist schrecklich müde, weil er die halbe Nacht unterwegs war, um sich etwas Ordentliches zum Abendessen zu erjagen. Aber leider hat er nur ein paar halb erfrorene Trauben und einen angebissenen, weggeworfenen Apfel gefunden, der nicht besonders lecker gewesen ist. Einmal hätte er

beinahe einen dicken Regenwurm erwischt, aber im letzten Augenblick ist er ihm entwischt und in einer winzigen Erdspalte verschwunden. Faustus runzelt ärgerlich die Stirn, als er daran zurückdenkt.

Plötzlich hört er eine piepsige Stimme, die seinen Namen ruft. „Nein, verflixt", denkt Faustus. „Oh nein, das ist jetzt hoffentlich nicht wahr."

Aber es ist wahr. Vor dem gut verborgenen Eingang zu seinem Bau sitzt Thekla, die Eule.

„Was willst du?", knurrt Faustus unfreundlich.

„Ich habe mir den Flügel angestoßen", klagt Thekla. „Und jetzt kann ich nicht mehr hinauf in meine Baumhöhle in der Eiche fliegen. Darf ich heute Nacht hier bleiben?"

Mit ihren großen, schwarzen Augen schaut Thekla Faustus bittend an. „Eigentlich bin ich gern für mich allein", knurrt Faustus. Aber dann lässt er Thekla doch in seinen Bau und die Eule bedankt sich und sucht sich ein Plätzchen für die Nacht. Kaum ist Faustus eingeschlafen, als er schon wieder geweckt wird. „Nein, verflixt", denkt Faustus. „Oh nein, das ist jetzt hoffentlich nicht wahr."

Aber es ist wahr. Vor seinem Bau sitzt Bernhard, der wilde Waldhase. „Was willst du?", knurrt Faustus gereizt.

„Heute Nacht sind hier ein paar Jäger unterwegs", flüstert Bernhard aufgeregt. „Kann ich mich bei dir verstecken?"

„Eigentlich bin ich am liebsten allein", knurrt Faustus, aber dann lässt er Bernhard doch hinein und der Hase sucht sich einen Platz zum Schlafen.

Müde stapft Faustus anschließend zurück in seinen eigenen Schlaf-winkel. Im Nu schläft er ein und träumt gerade von einem leckeren Mäusebraten, als er zum dritten Mal gestört wird.

„Nein, verflixt", denkt er und öffnet widerwillig die Augen. Eins nach dem anderen. „Oh nein, das ist jetzt hoffentlich wirklich nicht wahr."
Aber es ist schon wieder wahr. Vor seinem Bau sitzen fünf klatschnasse Mäuse.
„Was wollt ihr?", stottert Faustus verwundert.
„Unser Mäusebau ist von Regenwasser überflutet worden", piepst die dickste, strubbeligste Maus und niest.
„Dürfen wir heute Nacht bei dir bleiben?"
„Eigentlich sollten Mäuse nicht auf die Idee kommen, Füchse um Hilfe zu bitten", brummelt Faustus verwirrt, aber dann lässt er die nassen Tiere doch in seinen Bau. Was ist heute nur los mit ihm?
Faustus wankt gähnend zurück in seine Schlafecke und schläft auf der Stelle wieder ein. Aber schon kurz darauf schreckt er erneut hoch.
Vor seinem Bau ist plötzlich ein Riesenradau.
Schlaftrunken steht Faustus auf und läuft zum Höhleneingang. Dort drän-

geln sich drei Füchse. „Jäger!", flüstern sie und zittern von Kopf bis Fuß.

„Kommt rein, schnell, schnell, schnell", sagt Faustus besorgt und späht für einen Moment hinaus in die Dunkelheit. Im Bau herrscht jetzt ein Riesengedränge.

Und noch einmal wird die Nachtruhe gestört. Es ist der kleine Regenwurm, der Faustus vorhin entkommen ist.

„Ich habe mich verlaufen", murmelt er verlegen und windet sich. „Finde mein Erdloch nicht mehr …"

Und plötzlich fühlt sich der griesgrämige Faustus gar nicht mehr griesgrämig. „Nur hereinspaziert", sagt er matt und müde und schläfrig und reißt sein Maul auf, um ausgiebig zu gähnen. Der Regenwurm zuckt erschrocken zusammen, als er das sieht. Aber als nichts weiter passiert, ringelt er sich sehr sorgfältig zusammen und rührt sich nicht mehr.

„Im Grunde ist es ein schönes Gefühl, nett zu sein", denkt Faustus zufrieden, ehe er selbst wieder einschläft. Und tief in sich drin weiß er, dass ab morgen alles anders sein wird.

Gute Nacht, Konfetti

Eigentlich hat sich Luca ja sehr darauf gefreut, endlich in den Kindergarten zu gehen. Aber jetzt ist es doch nicht ganz so schön, wie sie es sich vorgestellt hat. Dabei macht das Spielen mit den anderen Kindern Spaß und auch das Frühstücken und das Mittagessen am großen, runden Kindergartentisch ist lustig. Aber ganz und gar nicht lustig ist die Sache mit dem Mittagsschlaf. Alle Kinder, bis auf die ganz großen, die schon bald in die Schule kommen, müssen mittags einen kleinen Mittagsschlaf machen.

Dazu muss man sich einen Schlafanzug anziehen und sich richtig in ein kleines Bett legen. Jedes Kind hat eine andere Bettdecke und Luca hat eine Kaninchenbettdecke bekommen.

„Du darfst gerne dein Schlaftier mitbringen, Luca", sagt die Kindergärtnerin am ersten Tag.
Luca nickt und freut sich.
„Wie heißt denn dein Schlaftier?", fragt die Kindergärtnerin.
„Konfetti", sagt Luca.
„Na, dann freue ich mich sehr auf

Konfettis Besuch", sagt die Kindergärtnerin.
Aber als Luca am anderen Morgen
ihr kugelrundes, hellbraun-dunkel-
braun getupftes Kaninchen aus dem
Stall nimmt, um es mit in den Kindergarten zu nehmen, sagt Mama, dass
das natürlich nicht geht, und dass
die Kindergärtnerin nicht Konfetti
gemeint hat, als sie gesagt hat, Luca
darf ihr Schlaftier mitbringen, sondern ein Plüschtier.
„Aber Konfetti schläft doch bei mir
im Zimmer", schnaubt Luca ärgerlich.
Aber Mama sagt trotzdem Nein und
Luca soll stattdessen eins ihrer Stoff-
tiere mitnehmen. Aber Luca schüttelt
traurig den Kopf.
Und im Kindergarten zu schlafen ist
gar nicht schön. Man soll so leise
wie möglich sein und ganz
still liegen und richtig
einschlafen, aber das
klappt kein bisschen
und Luca wird immer
zappeliger und
wacher.

Liegen bleiben und leise sein soll sie
trotzdem. Nachdenklich schaut Luca
die bunte Kaninchendecke an.
Wie schön wäre es, wenn Konfetti
jetzt hier wäre. Dann könnte sie
bestimmt schlafen.
Am nächsten Tag bringt Oma Luca
in den Kindergarten.
„Was hast du da in der Tasche?",
fragt Oma.
„Nur Spielkram", murmelt Luca leise
und hat Herzklopfen. Den ganzen
Morgen schaut sie immer wieder
nach Konfetti, die mit einem Salat-
blatt und einer Mohrrübe in Lucas
roter Sporttasche sitzt und es gemütlich hat. Sie ist richtig schön brav
und still.

Konfetti schnuppert mit ihrer weichen Nase an Lucas Nase. Wackelig tapst sie über Lucas Bauch und einmal pinkelt sie ein bisschen auf das rosa Betttuch. Aber trotzdem ist es wirklich schön und gemütlich mit Konfetti. Ihre langen, dünnen Barthaare kitzeln Lucas Gesicht und Luca spürt, wie sie müde wird. Zufrieden krault sie das getupfte Kaninchen zwischen den weichen Ohren.

Plötzlich wacht Luca auf. Um sie herum herrscht eine riesige Riesenaufregung. Anscheinend ist bloß Luca eingeschlafen, aber Konfetti hellwach

„So, Mittagsschlafzeit!", ruft die Kindergärtnerin nach dem Mittagessen endlich. Jetzt hat Luca noch viel mehr Herzklopfen. Schnell holt sie ihre zappelige Sporttasche und schlüpft in ihr kleines Kindergartenmittagsschlafbett. Sorgfältig deckt sie sich und Konfetti mit der Kaninchenbettdecke zu.

geblieben. Und als es ihr bei Luca unter der Decke zu langweilig geworden ist, da ist sie mit einem großen Satz ins Nachbarbett gesprungen. Und von dort auf das nächste Bett. Und immer so weiter. Alle Kinder sind jetzt hellwach und so laut wie heute war es noch nie im Kindergartenschlafzimmer. Ängstlich sitzt Luca da, und als die Kindergärtnerin Konfetti einfängt, macht sie sich ganz klein.

„Na, bist du Konfetti?", fragt die Kindergärtnerin das zappelige Kaninchen.

„Ja", sagt Luca für Konfetti. Und die Kindergärtnerin schimpft zum Glück kein bisschen. Und statt Mittagsschlaf dürfen die Kinder mit Konfetti in den Garten hinausgehen.

„Denn in ein Bett gehört kein Kaninchen", sagt die Kindergärtnerin und schaut ein bisschen vorwurfsvoll auf Konfettis Pipifleck in Lucas Bett.

„Aber einschlafen kann man mit ihm sehr gut", sagt Luca zufrieden.

Für Patricia De Propris,
die lustigste Halbitalienerin,
die ich kenne.

Bibliografische Information Der Deutschen Bibliothek
Die Deutsche Bibliothek verzeichnet diese Publikation in der Deutschen Nationalbibliografie;
detaillierte bibliografische Daten sind im Internet über *http://dnb.ddb.de* abrufbar.

1 2 3 4   06 05 04 03

© 2003 Ravensburger Buchverlag
Otto Maier GmbH
Postfach 1860 · 88188 Ravensburg
Text: Jana Frey · Illustration: Eva Muszynski
Redaktion: Birgit Macke
Printed in Germany
ISBN 3-473-33054-X
www.ravensburger.de